Wer spielt den Zauberer?

Dialoge zum
Lesen und Spielen
mit verteilten Rollen

aufgeschrieben von
Horst Bartnitzky
illustriert von
Angela Paysan

Ernst Klett Verlag

Das sind wir!

4 Kinder

1. Kind: Ich heiße *(Name)*.
2. Kind: Ich heiße *(Name)*.
3. Kind: Ich heiße *(Name)*.
4. Kind: Ich heiße *(Name)*.
Alle: Wir sind Kinder
aus der Klasse ...

1. Kind: Wir können lesen.
2. Kind: Wir können schreiben.
3. Kind: Wir können rechnen.
4. Kind: Wir können malen.
Alle: Wir können aber
noch viel mehr!

1. Kind: Wir können zuhören.

2. Kind: Wir können nachdenken.

3. Kind: Wir können miteinander sprechen.

4. Kind: Wir können miteinander lernen.

Alle: Wir können aber noch viel mehr!

1. Kind: Wir spielen zusammen.

2. Kind: Wir lachen zusammen.

3. Kind: Wir machen zusammen Quatsch.

4. Kind: Wir streiten uns.

Alle: Und wir vertragen uns wieder.

1. Kind: *(Name)*

2. Kind: *(Name)*

3. Kind: *(Name)*

4. Kind: *(Name)*

Alle: Das sind wir,
und wir sind vier!

Mark will tauschen

Mark, Jens

Mark:	Ich habe schöne Glaskugeln.
Jens:	Zeig mal!
Mark:	Hier in der Schachtel.
Jens:	Die sind aber toll!
Mark:	Willst du auch eine?
Jens:	Ja, eine blaue.
Mark:	Ich tausche die blaue Glaskugel gegen fünf Tierbilder.
Jens:	Nein, meine Tierbilder will ich behalten.
Mark:	Dann behalte ich auch meine Glaskugeln.

Iris will ihren Stift haben

Iris, Sonja

Iris: Wo ist mein roter Stift?
Ich will mein Schiff
rot ausmalen!

Sonja: Ich male ein rotes Flugzeug.

Iris: Du hast meinen roten Stift!

Sonja: Ich brauche den Stift
für mein rotes Flugzeug.

Iris: Aber ich brauche ihn auch.

Sonja: Aber ich male noch.

Iris: Es ist aber mein Stift.
Gib ihn mir!

Stefan wünscht sich etwas

Stefan, Anna

Stefan: Ich habe bald Geburtstag.

Anna: Was wünschst du dir?

Stefan: Ich wünsche mir Knete.

Anna: Und was noch?

Stefan: Ich wünsche mir einen
Zauberkasten.

Anna: Und was noch?

Stefan: Ich wünsche mir eine
Puppe.

Anna: Eine Puppe?

Stefan: Ja, eine Puppe und
ein Puppenbett.

Anna: Das finde ich aber blöd!

Stefan: Wieso findest du das blöd?

Anna: Weil du doch ein Junge bist.

Ute kauft ein

Ute, Verkäuferin

Ute:

> Was soll ich einkaufen?
> Da ist ja mein Zettel:
> Ein Hefebrot
> und ein Pfund Butter.

Verkäuferin:

> Was darf es sein?

Ute:

> Ein Hefebrot, bitte!

Verkäuferin:

> Ein Hefebrot.
> Hier ist es.
> Was darf es sonst sein?

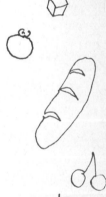

Ute:

> Ein Pfund Butter, bitte.

Verkäuferin:

Ein Pfund Butter.

Hier ist sie.

Was darf es sonst sein?

Ute:

Danke, nun habe ich alles.

Oh, da sind aber tolle Bonbons!

Davon nehme ich einen Beutel.

Verkäuferin:

Also: ein Hefebrot 2 Mark 50,

Butter 2 Mark,

Bonbons 1 Mark.

Das macht zusammen 5 Mark 50.

Ute:

Ich habe aber nur 5 Mark!

Verkäuferin:

Und was nun?

Drei Kinder spielen im Sandkasten

Tim, Sonja, Dirk

Tim:

Hier kommen die Bauarbeiter
und bauen eine Straße.

Sonja:

Hier kommt eine Straßenwalze.
Sie walzt die Straße ganz glatt.

Dirk:

Und ich komme mit meinem Trecker,
pöff – pöff – pöff!

Tim:

Nein, nicht!
Der Trecker ist viel zu groß!

Sonja:

Der macht alles kaputt!

Tim:

Wir bauen noch einen Tunnel
durch den Berg.

Sonja:

Ich grabe von der einen Seite
und du von der anderen.

Dirk:

Und ich fahre mit meinem Trecker
durch den Tunnel,
pöff – pöff – pöff!

Tim:

Nein, der Trecker ist viel zu groß!

Sonja:

Der macht den Tunnel kaputt!

Tim:

Ich fahre mit einem Auto.
Zuerst über unsere Straße,
dann durch den Tunnel.

Sonja:

Das geht gut!

Dirk:

Und ich fliege mit einem Flugzeug
übcr den Berg,

sssssss,

da stürzt das Flugzeug ab,

ssssss – bruch!

Tim:

Unser schöner Berg!

Sonja:

Jetzt hast du alles kaputtgemacht!

Dirk:

Ist doch nur Spiel!

Diana hat ein Geheimnis

Diana, Ralf

Diana:

Ich weiß ein Geheimnis.

Ralf:

Verrate es mir.

Diana:

Es ist aber ein Geheimnis.

Ralf:

Verrate es mir.
Ich bin doch dein Freund.

Diana:

Es ist aber ein
ganz geheimes Geheimnis.

Ralf:

Bitte verrate es mir,
ich bin doch dein bester Freund.

Diana:

Es ist aber ein
supergeheimes Geheim-Geheimnis.

Ralf:

Und ich bin doch dein
allerbester Freund.

Diana:

Wenn es aber ein supergeheimes
Extrageheim-Geheimnis ist . . .

Ralf:

Und wenn ich doch dein
allerallerbester Freund bin . . .

Diana:

Das supergeheime
Extrageheim-Geheimnis ist:
(flüstert)
Ich habe 60 Pfennig,
und dafür kaufen wir uns
beide ein Eis.

Ich kann zaubern

2 Kinder

1. Kind:

Ich kann zaubern.

2. Kind:

Was kannst du zaubern?

1. Kind:

Ich kann Tiere zaubern.

2. Kind:

Mach mal vor.

1. Kind:

Ich verzaubere dich in ein Tier.

2. Kind:

Auch in einen Löwen?

1. Kind:

Auch in einen Löwen.

2. Kind:

Dann verzaubere mich.

1. Kind:

Du mußt dich
auf den Boden setzen.

2. Kind:

Ich sitze auf dem Boden.

1. Kind:

Ich lege eine Decke über dich.

2. Kind:

Und nun?

1. Kind:

So – und nun
zaubere ich:
Abrakadabra,
dreimal brauner Löwe.

2. Kind:

Ich merke gar nichts.

1. Kind:

Dann noch einmal.
Abrakadabra,
dreimal brauner Löwe.

2. Kind:

Ich merke immer noch nichts.

1. Kind:

Aber jetzt:
Abrakadabra,
dreimal brauner Löwe.
Jetzt nehme ich
die Decke weg.

2. Kind:

Und was siehst du?

1. Kind:

Da sitzt leider
kein brauner Löwe,
sondern nur
ein kleines Kamel!

Der Zauberer und der Mann

Zauberer, Mann

Zauberer:

Guten Tag, Mann.
Ich möchte mit dir zaubern.

Mann:

Was kannst du denn zaubern?

Zauberer:

Ich kann alles klitzeklein zaubern.

Mann:

Du kannst alles klitzeklein zaubern?

Zauberer:

Ja, genau das kann ich gut.
Ich kann sogar dich
klitzeklein zaubern!

20

Mann:

Aber ich bin ein Mann
und fast zwei Meter lang.
Ich bin ganz schön riesig!

Zauberer:

Ja, du bist ganz schön riesig.
Aber ich kann dich
klitzeklein zaubern.

Mann:

Also:
Du kannst einen Mann,
der so riesig ist wie ich,
klitzeklein zaubern?

Zauberer:

Genau das kann ich!

Mann:

Und wie machst du das?

Zauberer:

Das ist ganz einfach:
Aus dem Mann mache ich
ein Männchen.

Mann:

Ein Männchen?
Ein klitzekleines Männchen?

Zauberer: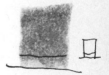

Ja, das sag ich doch!
Nun rede nicht
immer dazwischen.

Mann:

Also sag weiter:
Aus dem Mann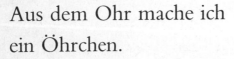
machst du ein Männchen.

Zauberer:

Richtig.
Und aus dem Hut mache ich
ein Hütchen.
Aus dem Ohr mache ich
ein Öhrchen.
Aus der Nase mache ich
ein Näschen.
Aus dem Mund mache ich
ein Mündchen.

Mann:

Ein Hütchen, ein Öhrchen,
ein Näschen, ein Mündchen!
Und was machst du dann?

Zauberer:

Das will ich ja gerade sagen:
Dann nehme ich eine Schachtel.
Aus der Schachtel mache ich
ein Schächtelchen.
Das Männchen lege ich
in das Schächtelchen.
Und dann macht das Männchen
in dem Schächtelchen
ein langes, langes Schläfchen.

Mann:

Und das kannst du
mit einem Mann machen,
der so riesig ist wie ich?

Zauberer:

Ja, und das will ich jetzt
auch mit dir machen.

Mann:

Du willst alles an mir
klitzeklein machen?
Und dann willst du mich
in ein Schächtelchen legen?

Zauberer:

Das will ich.
Und dann sollst du
ein schönes langes
Schläfchen machen.

Mann:

Und ich soll
ein schönes langes Schläfchen machen?
Suche dir doch einen anderen
für deine dumme Zauberei!

Ein Festtagsschmaus

4 Kinder

1. Kind: Eierpampe,

2. Kind: *Pudding,*

3. Kind: Pilze,

4. Kind: *Tintenfisch,*

1. Kind: Lakritz

2. Kind: *und Sülze,*

3. Kind: obendrauf noch eine Laus.

4. Kind: *Ei, das ist*

Alle: **ein Festtagsschmaus!**

Abel, Nabel, schwarzer Kater

4 Kinder

1. Kind:

Abel, Nabel, schwarzer Kater,

2. Kind:

Kabel, Schnabel, Rabenvater,

3. Kind:

Tante Annas schwarzes Haar,

4. Kind:

Ananas, ganz wunderbar,

1. Kind:

Sahne,

2. Kind:

Fahne,

3. Kind:

Klatsch,

4. Kind:

und Matsch.

Alle:

**Ach, was ist das
für ein Quatsch!**

Ein Traum

Mark und 5 Kindergruppen

Mark:

Ich hatte einen Traum.

Ich habe von Tieren geträumt.

Und das war so:

Ich ging durch einen Wald.

Da waren Bären.

Gruppe 1:

Wir sind die Bären,

brumm, brumm, brumm,

und tanzen um den Mark herum.

Mark:

Ich ging weiter durch den Wald.

Da waren Tiger.

Gruppe 2:

Wir sind die Tiger,

fauch, fauch,

wir tanzen

und wir schleichen auch.

Mark:

Ich ging weiter durch den Wald.

Da waren Löwen.

Gruppe 3:

Wir sind die Löwen,

brüll, brüll,

wir brüllen laut,

dann sind wir still.

Mark:

Ich ging weiter durch den Wald.

Da waren Kühe.

Gruppe 4:

Wir sind die Kühe,

machen „muh",

wir sehn den andern Tieren zu.

Mark:

Ich ging weiter durch den Wald.

Da waren Mücken.

Gruppe 5:

Wir sind die Mücken,

sirr, sirr,

wir stechen da,

wir stechen hier.

Mark:

Dann kam ich
auf einen großen freien Platz
mitten im Wald.
Ich setzte mich auf die Wiese.
Da kamen die Bären,

Gruppe 1:

brumm, brumm,

Mark:

und die Tiger,

Gruppe 2:

fauch, fauch,

Mark:

und die Löwen,

Gruppe 3:

brüll, brüll,

Mark:

und die Kühe,

Gruppe 4:

muh, muh,

Mark:

und zuletzt die Mücken,

Gruppe 5:

sirr, sirr,

Mark:

und die sprachen
alle durcheinander.

Alle Gruppen:

(brummen, fauchen, brüllen,
muhen, sirren durcheinander)

Mark:

Das war so laut.
Da bin ich aufgewacht.

(Alle sind mit einem Mal ganz still.)